LA SEMANA LABORAL DE 4 HORAS

Dedicarle tiempo solo a lo esencial

Resumen y análisis
de la obra de Timothy Ferriss

Por Anastasia Samygin-Cherkaoui
Traducido por Marina Martín Serra

Book Review en50MINUTOS.es

¡Y TODO EN 4 HORAS!

En su exitosa obra, Timothy Ferriss se basa en su experiencia para emitir, sin sorpresa cuando nos referimos al título, una crítica del valor del trabajo, cuando este equivale a sufrimiento, coacción, alienación... Desde esta perspectiva, su visión se acerca a la de Paul Lafargue (escritor y político socialista francés, 1842-1911): el progreso —técnico para Lafargue y tecnológico para Ferriss— se presenta de forma positiva, ya que se utiliza como herramienta de liberación. Liberación de los trabajadores para Lafargue, liberación personal para Ferriss.

Dicho esto, el paralelismo con Paul Lafargue y su obra *El derecho a la pereza* (1880) se acaba aquí, en el sentido que, contrariamente al yerno de Karl Marx, Timothy Ferriss no es un ideólogo. No hace crítica social o económica. De hecho, para decirlo de alguna forma, no realiza ninguna crítica. Ferriss presenta simplemente su experiencia y explica en qué medida su método, que para él ha sido una garantía de éxito, se puede reconducir y adoptar —total o parcialmente— para facilitarse la existencia manteniendo, o incluso aumentando, los recursos financieros.

Datos principales

- **¿Edición de referencia?** Ferriss, Timothy. 2012. *La semana laboral de 4 horas*. Barcelona: RBA.
- **¿Primera edición?** 2007, con el título original *The 4-Hour Workweek*.

- **¿Autor?** Timothy Ferriss (autor, emprendedor, inversor y orador estadounidense, nacido en 1977 en East Hampton, Nueva York, Estados Unidos).
- **¿Ámbito?** Nuevas tecnologías de la información y la comunicación, espíritu emprendedor, desarrollo personal.
- **¿Palabras clave?**
    - Desarrollo personal: práctica que tiene su origen en la filosofía antigua y la psicología humanista y que, como su nombre indica, tiene como objetivo lograr la autorrealización;
    - Tecnologías de la información y de la comunicación (TIC): en su definición genérica, se trata de las técnicas y equipamientos informáticos que permiten la información y la comunicación a distancia. Por extensión, se trata del recurso, no solamente a estos medios técnicos, sino también a sus desarrollos prácticos (entre los que encontramos las redes sociales y las aplicaciones de comunicación en tiempo real);
    - Optimización: o cómo obtener más (dinero, placer, satisfacción...) con menos (medios). Es todo el sentido que Tim Ferriss le da a la ley de Pareto, según la cual obtenemos el 80 % de los efectos (o de la satisfacción) con el 20 % de las causas (o de los recursos).
    - Externalización: transferencia de todo o de parte de un trabajo a un socio externo. En el caso de Tim Ferriss, la externalización es incluso virtual, en el sentido de que no tiene ningún contacto directo con sus «asistentes».

CONTEXTO

EL AUTOR

Timothy Ferriss nace el 20 de julio de 1977. Crece en East Hampton, en el estado de Nueva York. Tras un paso por las neurociencias, finalmente cursa estudios sobre las civilizaciones orientales en la Universidad de Princeton, y obtiene el título en Estudios de Asia Oriental.

Tras su etapa en la universidad empieza a trabajar en una sociedad de almacenamiento de datos, pero pronto crea su propia empresa, ya que no está satisfecho en su trabajo. Esta se llamará Brain Quicken, y se dedica a la venta en línea de complementos alimenticios, destinados a estimular el rendimiento del cerebro. Asimismo, en esta época, emplea para uso personal (con vigilancia médica) esteroides y testosterona.

A continuación, realizará varias actividades de jefe de empresa y de inversor, sobre todo en empresas emergentes. Basándose en su propia experiencia, desarrolla un planteamiento de la autorrealización y del logro de actividades y de objetivos, mediante la externalización y la delegación asumidas. Esto le conducirá a desarrollar también un componente formativo en sus actividades, mediante la oferta de cursos, la presentación de un programa de televisión o incluso la publicación de vídeos en línea, accesibles desde su blog.

Además, cabe mencionar su fascinación por los récords y las

disciplinas deportivas: tiene el récord del mundo en el número de giros bailando tango en menos de un minuto y, en 1999, ganó una medalla de oro en sanda (arte marcial chino). Su victoria, aunque no se haya discutido oficialmente, despierta controversia sobre el fondo, ya que el autor reconoció que se había deshidratado en gran medida antes de que lo pesaran para poder competir en una categoría de pesos inferior a la suya. Además, recurrió a una sutileza de las reglas, que hizo que ganara todos sus combates por KO... técnico: en vez de obtener la victoria solamente gracias a los resultados deportivos, actuó para que sus adversarios salieran del perímetro de combate, quedando eliminados. Según él, hoy en día estas prácticas son muy frecuentes.

CONTEXTO Y ÁMBITO

Timothy Ferriss, procedente de una corriente vinculada con las nuevas tecnologías, con el espíritu emprendedor y con la autorrealización, representa por sí solo varias facetas del desarrollo personal tal como se concibe desde los años setenta.

El desarrollo personal se deriva de un movimiento de liberación, durante los años 1960-1970, en relación con las estructuras profesionales, familiares o incluso religiosas que prevalecían hasta ese momento. Para el individuo, se trata de reivindicarse como tal y como actor de su propia vida, con una voluntad emancipadora y de autoafirmación. En ese momento, aparecen el movimiento *hippie* y un cierto entusiasmo por espiritualidades «alternativas» (orientales, indias, amerindias...), así como algunas corrientes más teóricas. Estas conducirán, en especial, a la Escuela de Palo Alto, cuyas teorías se basan en la comunicación y en las relaciones entre el individuo y su entorno, y a sus desarrollos, como la PNL (programación neurolingüística), que integra en mayor medida una dimensión de cambio, de evolución de la persona.

LA SEMANA LABORAL DE 4 HORAS

RESUMEN

Tim Ferriss, basándose primero en su propia experiencia, elabora una serie de consejos (no podemos hablar de teorías) con el objetivo de mejorar su rendimiento profesional. De forma general, esta mejora se basa en tres puntos.

Eliminar

La primera etapa consiste en suprimir de la agenda las tareas absorbentes y que no aportan nada (o casi nada). La mayor parte de las reuniones están entre estas tareas que hay que eliminar. Para Ferriss, una reunión tiene que tener una hora de inicio, una hora de finalización y una finalidad precisa (tiene que resultar en una toma de decisión). Según él, un gran número de reuniones son inútiles, y se escapa de ellas con el pretexto de una tarea importante, un trabajo urgente que tiene que terminar, y añade que uno de los asistentes a la reunión le transmitirá su contenido.

Además, recomienda eliminar toda una serie de informaciones: aconseja desconectarse, no solamente del correo electrónico, sino también de los distintos sitios web de información; no mirar las noticias en la televisión, ni escucharlas en la radio, etc. Para él, todo esto es, fundamentalmente, una pérdida de tiempo. Otros pueden encargarse fácilmente de resumir estas informaciones, en pocos segundos, en respuesta a la pregunta: «¿Qué hay de nuevo en el mundo?» Para el autor, lo que no esté relacionado con las actividades del momento resulta inútil. Por lo tanto, ir a lo fundamental pasa por la eliminación de lo superfluo. Es lo que llama «la ignorancia selectiva».

La ignorancia selectiva

El autor no nos obliga a desinteresarnos de todo y a que no nos informemos más. Simplemente, en el marco de una actividad de «trabajo», cuyo objetivo es limitar la restricción y maximizar los beneficios, aconseja hacer tabla rasa de lo que molesta, de lo que hace perder el tiempo; en resumen, de todo lo que impide que vayamos directamente al grano. Y, a partir de entonces, no hay nada que impida adoptar esta misma práctica para las actividades de ocio (leer un libro antes que una revista, o mirar una película de autor antes que zapear durante horas delante de la televisión, por ejemplo).

Asimismo, elimina aquello que desconcentra: las intrusiones, las preguntas, etc. Pero, cuidado, más que no responderles o decirles sistemáticamente que no está disponible, les pide a sus interlocutores que se expresen deprisa. «Sé breve, estoy ocupado» se convierte en un lema, que obliga a que la persona que le habla vaya al grano y que, por consiguiente, le pregunte solamente por aquello que no sabe resolver de otro modo.

Asimismo, tiene la intención de desmoralizar a los que le ponen palos en las ruedas, importunándolos a su vez. De este modo, explica que libraba auténticas batallas cada vez que, durante sus estudios, uno de sus trabajos no recibía la nota que se esperaba: iba a encontrarse con el profesor asistente responsable de su nota y lo machacaba con preguntas tanto tiempo como podía, con el objetivo de que, la próxima vez, el profesor se lo pensara dos veces antes de ser estricto (o incluso que se inclinara a ser generoso). Sin embargo, cuando leemos esta obra, podemos preguntarnos sobre la pertenencia o la eficacia de esta estrategia en el caso en que la persona reaccione ya sea concediéndole un tiempo de reacción muy ajustado («Sé breve, estoy ocupado») o ocasionándole, en respuesta, una carga de trabajo todavía más importante, iniciando un círculo vicioso...

Racionalizar

La segunda parte de los consejos de Tim Ferriss concierne a la racionalización o a la automatización: agrupar pedidos, realizar el trabajo una sola vez, leer los correos electrónicos únicamente entre una y dos veces al día, después a la semana, etc. Además, aconseja incluso posponer el envío de los correos electrónicos para no recibir nuevas demandas o respuestas cargadas de una serie de preguntas... ¡hasta el día siguiente! Nos incita a hacer lo mismo con las llamadas telefónicas: responderlas y ver quién nos ha llamado solamente una o dos veces al día. Otro consejo importante: las compras en línea y los pagos solamente se llevarán a cabo una vez por semana, como máximo.

Ejemplo concreto de racionalización

Tengo una idea de lanzamiento de un producto o de un servicio. Para llevarla a la práctica necesito 50 000

€. Para caricaturizar, puedo conseguir entre 5000 y 50 000 personas, pidiéndoles que me den una cifra de entre 1 y 10 €. Es factible, pero me llevará muchísimo tiempo.

Asimismo, puedo presentar mi producto (o mi servicio) de forma ventajosa y dirigirme directamente a los que pueden estar interesados en él, y establecer un micromecenazgo con una suma inicial de mínimo 100 €. Así, solamente debo conseguir la colaboración de 500 personas, que formarán mi primera «cartera de pedidos» y que puedo pensar que harán la promoción de mi producto también en un círculo determinado, puesto que, al ser inversores iniciales, les interesa que funcione.

Externalizar

El autor se basa en gran medida en la externalización, esencialmente en lo relacionado con las actividades «pesadas» o para las que no dispone de todas las cualidades necesarias. Otra persona se encargará, mejor y con un coste más bajo, lo que le deja tiempo libre para otras cosas o para algo que haga mejor y que le aporte más cosas.

En este punto, Tim Ferriss apela a un equipo de asistentes, todos virtuales. Trabajan por plataformas reconocidas, lo que evita problemas relacionados con la incapacidad temporal de un asistente o incluso con la confidencialidad de los datos transmitidos. Estas grandes plataformas, en efecto, disponen no solamente de más recursos (tecnológicos y humanos), sino que también ofrecen contratos estrictos, que potencialmente han sido más probados y son más restrictivos (para el prestatario) que los de los interlocutores «principiantes» o menos reconocidos. Según él, se trata de confiar solamente un pequeño número de tareas a efectuar al mismo tiempo (una o dos), de funcionar con plazos cortos (24 a 48 horas), y de pedir informes intermediarios de forma regular (al final del día o de la mañana, por ejemplo), así como el detalle de las subtareas realizadas.

Dicho esto, la externalización y la delegación no son solamente virtuales. Así, un director general puede organizar su trabajo de forma que, a través de reglas operativas, sus empleados (o prestatarios externos) puedan resolver los puntos esenciales de los problemas que se presentan. Así, puede limitar su presencia en el despacho y gestionar la empresa a distancia, ya que la parte fundamental de la actividad se dirige mediante procesos, más que a través de un director.

La musa de Ferriss

De estos tres principios nace el concepto de «musa». En español, esta palabra, cuyo origen se encuentra en la mitología griega, define una actividad artística o —en la mayoría de los casos— una encarnación de la inspiración. Para Ferriss, la musa, esencialmente inmaterial, es la idea que, una vez transformada en negocio, permitirá generar ingresos de forma pasiva. De algún modo, es la culminación de su método.

Elegir su sector

Una vez adquiridos estos principios, Ferriss, en lo que concierne al desarrollo de «nuevas» actividades, hace hincapié en un perfecto conocimiento del sector y del público meta. Así, cuando estaba en la universidad, tuvo mucho éxito al dirigirse a estudiantes para exponerles un método de mejora del rendimiento en materia de velocidad lectora. Sin embargo, su casete dirigido a los orientadores profesionales no despertó mucho entusiasmo ya que, al no ser asesor, Ferriss no conocía bien esa profesión.

CONCEPTOS CLAVE

Trabajo y valor del trabajo

¿Por qué trabajamos? La palabra «trabajo» viene del latín *trepalium*, que era un instrumento de tortura, mientras que, en francés, «chomage» (paro) también viene del latín, pero del verbo *caumare*, ¡que significa «descansar cuando hace calor»! Así pues, la etimología del trabajo traduce bien la noción de restricción que se relaciona con él: aunque —algunas veces— puedo elegir mi trabajo, no escojo trabajar. Pero este imperativo justamente sería, según Hegel (filósofo alemán, 1770-1831), lo que hace que seamos humanos: la labor se hace liberadora mediante la doble transformación que opera, en un primer tiempo, en la naturaleza para hacer que responda a nuestras necesidades y, en un segundo tiempo, en nuestra naturaleza humana consecuente con esta primera etapa. Marx (historiador, filósofo y economista alemán, 1818-1883) retoma esta idea diciendo que el hombre humaniza la naturaleza, accediendo así a su propia humanidad.

Encontramos la valorización del trabajo y del trabajador en la propaganda estajanovista —en referencia a Alekséi Stajánov (1906-1977), un minero ruso que batió récords de productividad— o incluso en la expresión «Arbeit macht frei» («El trabajo os hará libres»), sacada de la obra homónima de Lorenz Diefenbach (filólogo y lexicógrafo alemán, 1806-1883), en la que algunos jugadores encuentran la redención mediante el trabajo. Esta valorización del trabajo como un salvoconducto contra los vicios de la existencia también se acerca a *Cándido* (1759) de Voltaire (escritor francés, 1694-1778), en la que presenta el trabajo como un medio para alejar al hombre del aburrimiento, del vicio y de la necesidad.

A pesar de todos estos beneficios, así como de sus aportaciones en términos de derechos, de sueldo, de reconocimiento, de sentimiento de utilidad, de integración social y de protección en relación con el futuro, el trabajo también es criticado por Nietzsche (filósofo alemán, 1844-1900) como la mejor de las policías, a causa de la desindividualización del trabajador, de su sumisión. Para el pensador alemán, aquel que no disponga de dos tercios del día para sí mismo tiene que considerarse un esclavo. Aquí, encontramos la diferencia entre tiempo libre y ociosidad, ya que el tiempo dedicado a uno mismo también tiene que estar consagrado a la cultura, la belleza, la conversación, etc. Keynes (economista británico, 1883-1946) comparte estas mismas ideas: en una visión utópica que hay que desarrollar a escala del siglo, deseaba que la economía se convirtiera en una ciencia secundaria y, con ella, la búsqueda desenfrenada de la riqueza y de la rentabilidad. En ese mundo mejor al que aspiraba, el arte y la cultura ocupaban un lugar primordial.

En cuanto al valor del trabajo, esta expresión hace referencia al hecho de calcular el valor de un bien en función de la cantidad de trabajo (directo e indirecto) que su producción requiere.

En relación con estas definiciones, al contrario de lo que el título de la obra puede dejar pensar, Tim Ferriss no defiende un postulado de reducción del tiempo de trabajo.

De hecho, él mismo lo reconoce: eligió el título de la obra esencialmente por razones de *marketing* y no se trata tanto de animar a trabajar menos como de trabajar de otro modo.

Externalización

Subcontratar lo que resulta pesado o lo que otros podrían hacer mejor y a un coste más bajo es casi un *leitmotiv* de Ferriss. Para él, resulta claramente más pertinente pero, sobre todo, más rentable, apostar por las cualidades y externalizar los puntos débiles. Utiliza un ejemplo para ilustrar esto: es más fácil hacer un 10 que cinco 8.

Ley de Pareto

La ley de Pareto es el resultado de las observaciones del economista italiano Vilfredo Pareto (1848-1923), según las cuales el 80 % de las propiedades italianas pertenecen al 20 % de la población. Por extensión, Pareto deduce que, en un cierto número de ámbitos, el 80 % de los productos (o de los *outputs*) son el resultado del 20 % de los recursos (o de los *inputs*). Este principio se puede aplicar a un gran número de ámbitos y permite una mejor clarividencia en la gestión de las prioridades: si el 80 % del volumen de negocios de una empresa procede del 20 % de los clientes, es importante concentrarse en estos últimos. Un cliente perdido, si no aporta nada o casi nada, finalmente no resulta importante. Si el 80 % de mis ingresos está generado por el 20 % de mi trabajo únicamente, me concentro en estos puntos y externalizo (o dejo caer) el resto. O, incluso, si el 80 % de la satisfacción procede del 20 % de mis acciones, también puedo externalizar o abandonar las que, *in fine*, me causan más problemas o complicaciones que satisfacción.

Ley de Parkinson

La ley de Parkinson describe una especie de efecto bola de nieve aplicado a la organización del trabajo. Según este principio, el tiempo dedicado a un trabajo aumenta hasta ocupar todo el espacio que se le asigna. El trabajo se vuelve complejo con la multiplicación de las subtareas llevadas a cabo para realizarlo, por un lado, así como con la multiplicación paralela de los intervinientes o de los ejecutantes.

Esta ley coincide con las observaciones de Ferriss sobre todo en lo que se refiere a la pérdida de tiempo «social», el tiempo dedicado a las reuniones, las respuestas a los correos electrónicos que tienen que llevarse a cabo «en tiempo real» y la falta de autonomía de algunos trabajadores. Así pues, Ferriss nos propone contrarrestar esta ley mediante la aplicación de sus tres grandes principios (eliminar, racionalizar, externalizar). Asimismo, para combatir dicha ley, Ferriss hace hincapié en la indispensable precisión en los términos de todo trabajo que se le pide realizar a otras personas: ¿en concreto, qué tareas hay que llevar a cabo, y con qué plazos?

REPERCUSIONES

Aunque su autor no fuera conocido por el público antes de la aparición de *La semana laboral de 4 horas*, este libro alcanzó lo más alto de las listas de ventas nada más salir, siguiendo el *New York Times*, el *Wall Street Journal* y el *Business Week*, principalmente gracias a una promoción activa mediante el intermediario de blogueros con los que Tim Ferriss tenía relación; se trata de una técnica por la que, desde ese momento, ha sido recompensado.

Desde la edición de su obra, el emprendedor es considerado como una especie de gurú. La importancia de su personalidad se ha destacado con la expresión «The Tim Ferriss's effect» («El efecto Tim Ferriss»), proclamada por el escritor estadounidense Michael Ellsberg (nacido en 1977), después de que un comentario sobre su libro publicado en el blog de Ferriss hubiera, según él, resultado en un aumento de las ventas superior a «un artículo en el *New York Times* y 3 minutos en la CNN». Se trata, sin lugar a dudas, de un personaje carismático. Su trayectoria y una reflexión sobre sus deseos y sus capacidades le sirven, también, de punto de partida para su libro. Su proceso y sus consejos se basan, por lo tanto, en relatos de vidas: primero de la suya y, después, de las de otros.

CRÍTICAS A SU PERSPECTIVA

Aunque pronto se plantea el sentido de la posesión o de la acción, uno de los límites más evidentes de su obra concierne a la manera de poner por delante la personalidad, el individualismo del emprendedor, sin formar parte de ninguna ideología. Aquí no se trata de hablar de responsabilidad social, medioambiental, etc.; aunque estos planteamientos pueden intervenir, lo harán por el hecho del carácter del emprendedor, y no por el sentido del proceso. Nos encontramos lejos de una definición «positiva» del inversor, como podía proporcionarla Keynes (que, con ello, diferenciaba al inversor del rentista).

Así, el autor aconseja vender productos caros, y dirigirse de este modo a una clientela limitada de gente acomodada. Para él, esto solamente tiene ventajas: una clientela limitada implica seguimiento y carga de trabajo inferior; una clientela acomodada se traduce por menos problemas de pago; un precio de venta elevado comporta un margen elevado, que asegura tesorería, permitiendo enfrentarse a eventuales golpes duros. Y, cuando habla de margen elevado, habla de un precio de venta de 8 a 10 veces superior al coste del producto.

Sin embargo, basa sus consejos en una musa eficaz sobre todo porque se pone en práctica en un entorno de nicho económico, donde hay poca competencia. En este tipo de entorno realizó la parte central de su experiencia, con sus productos de mejora de rendimiento. Sin embargo, para una serie de productos o de servicios, un margen semejante parece difícil de mantener. Por ejemplo, menciona el artículo de un periodista y autor estadounidense, A. J. Jacobs, titulado «Cómo subcontraté mi vida». El hombre se presenta como autor y periodista que en un primer momento trabaja principalmente desde su domicilio, y que externaliza una parte importante de su trabajo: la investigación documental y la redacción de documentos de síntesis. Ahora, imaginemos a un periodista autónomo belga al que se le paga una tarifa bruta de 1,09 € por una línea de 60 caracteres. Un artículo de entre 1000 y 2000 caracteres (alrededor de dos páginas tamaño A4) le haría ganar entre 18 y 22 € brutos. ¿Realmente podemos pensar que económicamente le conviene si subcontrata su trabajo? O ya tiene un renombre que le ayude a vender...

Asimismo, el autor es sospechoso de incitar a las trampas, un aspecto que encontramos en su victoria en sanda en el año 1999. En su obra, afirma además que «todas las normas pueden plegarse o romperse, sin que haya que faltar a la ética» (Ferriss 2012, 29). Ferriss, acentuando este rasgo, no duda en dar consejos que tienen su origen más en bromas que en verdaderas recomendaciones. Así, para evitar la pérdida del equipaje, les aconseja a los viajeros estadounidenses que introduzcan una pistola sin munición en su maleta: una vez detectado, este equipaje será señalizado y los servicios de seguridad le prestarán una atención particular, por lo que no se perderá...

Ferriss también apuesta en gran medida por la inmediatez y por la simultaneidad. Asimismo, este es uno de los límites de la «ignorancia selectiva»: el quid de todos los conocimientos que adquirimos, de las informaciones que escuchamos, que leemos, que vemos y que no serán útiles hasta dentro de un tiempo, ¿o incluso en correlación con otros? Esta concepción, ¿no conduce a un enfoque demasiado compartimentado del saber, según el que cada uno debería adquirir solamente los conocimientos estrictamente necesarios para las actividades que realiza en ese momento? En paralelo, los trucos que presenta para convertirse en experto en lo que sea en cuatro semanas, profundizando únicamente en ciertos aspectos de una materia para ser capaz de hablar de ella para dar la impresión de que la dominamos, atañen sobre todo a la apología de la futilidad, incluso si termina el pasaje con «la regla del juego consiste en presentar la verdad decorada de la mejor forma posible, y no inventarla de la nada»[1].

El blog del autor hace hincapié en el desarrollo personal, ya se trate de fuerza mental o de ampliar los límites físicos de su cuerpo, pero de una forma muy espectacular; casi se podría hablar de puesta en escena. Así, una de las entradas más populares habla de la deshidratación extrema («How To Lose 20-30 Pounds In 5 Days: The Extreme Weight Cutting and Rehydration Secrets of UFC Fighters», que en español se traduciría por «Cómo perder de 10 a 15 kilos en 5 días: los secretos de la pérdida de peso y de la rehidratación de los boxeadores de la UFC»). Otra entrada muestra al autor en compañía de una de sus lectoras que, gracias a sus consejos, ha logrado pasar de un trabajo penoso a un trabajo creativo («Whitney Cummings on Turning Pain Into Creativity»). Cada artículo contiene vínculos a archivos de audio y de vídeo del Tim Ferriss Show, un *podcast* de entrevistas de personalidades prósperas en su ámbito. Así pues, siempre encontramos presentaciones concretas, sin duda. Experiencias vividas. Pero el conjunto sigue siendo

1. Cita traducida por 50Minutos.es

extremadamente autocentrado y autorreferencial, y falta ponerlo en perspectiva.

Cabe destacar que, en la Red, no se comenta el libro como una obra de gestión o de economía. Las observaciones, ya sea para alabarlo o criticarlo, a menudo se centran más en la personalidad de su autor y en el *marketing* que en consideraciones económicas y teóricas. ¡En la web del *New York Times*, el artículo «The World According to Tim Ferriss» figura en la sección «Moda y estilo»!

EXTENSIONES Y PERSPECTIVAS SIMILARES

El planteamiento de Timothy Ferriss constituye en cierto modo una síntesis, por una parte, de las diferentes corrientes procedentes del desarrollo personal y, por otra parte, de la gestión de la externalización. En este sentido, la obra se une a las tendencias actuales del *coaching* personalizado.

Dicho esto, puesto que Tim Ferriss no se presenta ni como un ensayista ni como un teórico —y probablemente esta no sea su ambición—, no crea una corriente teórica original que se basaría en un método desarrollado según sus consejos. Tim Ferriss se basa en su propia experiencia y en el relato de personas que han seguido sus consejos. Así pues, fundamentalmente, se trata de «relatos de vida» de primera mano, al pie de la letra, es decir, sin perspectiva teórica ni análisis profundo, que forman parte de la noción más extensa de desarrollo personal. Su libro es ciertamente un superventas y sirve de ejemplo, particularmente en la Red, pero no por ello podemos hablar de una corriente de pensamiento real. Tiene éxito. Mucha gente compra sus libros. Muchos siguen sus consejos. Sin lugar a dudas, ha cambiado la vida de una parte de estas personas, para las que habrá un antes y un después. Pero, más allá de este éxito, en la práctica no podemos hablar de una revolución de envergadura.

EN RESUMEN

- Excelencia: basándose en su propia experiencia, Timothy Ferriss afirma que los objetivos que *a priori* son utópicos son más fáciles de alcanzar que los realistas. En la cumbre la competencia no es muy fuerte, mientras que «dentro de la media» es salvaje. Así, la intención de Ferriss es desarrollar, en la vida diaria y para todos, sus puntos de excelencia para alcanzar sus objetivos, o incluso superarlos. Los otros aspectos del trabajo, que no están vinculados con sus puntos fuertes o con la superación personal, tienen que externalizarse.
- Externalización: una parte importante de esta externalización pasa por las nuevas tecnologías y por recurrir a la automatización de las tareas, que permite liberar tiempo y, una vez el concepto de la musa está bien establecido, tiene que poder conducir a una automatización de los ingresos.
- Ir al grano: para optimizar el tiempo dedicado a su trabajo, Tim Ferriss recomienda también eliminar, además de los puntos débiles de uno mismo, todo lo que quita tiempo y no aporta nada o casi nada. Desconectarse de la información es uno de estos aspectos, así como el hecho de limitar en la medida de lo posible el número y la duración de las reuniones, posponer la respuesta a las llamadas telefónicas o a los correos electrónicos, etc. En resumen, se trata de dedicarse por completo a su trabajo, aquel que a uno se le da bien, que se ha vuelto lo menos restrictivo posible y que está claramente definido.
- Concepto de trabajo: finalmente, lo que cambia es la

noción del trabajo. Para el autor, este último consiste, por una parte, en gestionar los recursos que incumben a lo que hago peor y que he externalizado o delegado y, por otra parte, en optimizar y valorizar mis conocimientos y competencias. Por lo tanto, una parte de las tareas cotidianas ya no se consideran trabajo —realizar una entrevista, por ejemplo—, porque se trata de acciones efectuadas para uno mismo, sin coerción.

¡Tu opinión nos interesa!
¡Deja un comentario en la página web de tu librería en línea,
y comparte tus favoritos en las redes sociales!

PARA IR MÁS ALLÁ

FUENTES BIBLIOGRÁFICAS

- Blog de Timothy Ferriss, The 4-Hour Workweek. Consultado el 13 de enero de 2017. http://fourhourworkweek.com/
- Bruni, Frank. 2012. "Individualism in Overdrive". *New York Times*. 16 de julio. Consultado el 13 de enero de 2017. http://www.nytimes.com/2012/07/17/opinion/bruni-individualism-in-overdrive.html
- Ferriss, Timothy. 2013. "How To Lose 20-30 Pounds In 5 Days: The Extreme Weight Cutting and Rehydration Secrets of UFC Fighters". *The 4-Hour Workweek*. Mayo. Consultado el 13 de enero de 2017. http://fourhourworkweek.com/2013/05/06/how-to-cut-weight-ufc/
- Ferriss, Timothy. 2012. *La semana laboral de 4 horas*. Barcelona: RBA.
- Ferriss, Timothy. 2015. "Whitney Cummings on Turning Pain Into Creativity". *The 4-Hour Workweek*. Junio. Consultado el 13 de enero de 2017. http://fourhourworkweek.com/2015/06/26/whitney-cummings/
- Roland, Olivier. "Interview de Tim Ferriss: la vérité sur *La semaine de 4 heures*". *Blogueur pro*. Consultado el 15 de febero de 2015. http://blogueur-pro.com/tim-ferris
- Rosenbloom, Stephanie. 2011. "The World According to Tim Ferriss". *New York Times*. 25 de marzo. Consultado el 13 de enero de 2017. http://www.nytimes.com/2011/03/27/fashion/27Ferris.html

FUENTES COMPLEMENTARIAS

- Bakan, Joel. 2005. *The Corporation. The Pathological Pursuit of Profit and Power.* Nueva York: Free Press.
- Crozier, Michel y Erhard Friedberg. 1977. *L'acteur et le système*. París: Seuil.
- Hill, Napoleon. 2011. *Réfléchissez et devenez riche*. París: J'ai lu.
- Maris, Bernard. 1999. *Keynes ou l'économiste citoyen*. París: Presses de Sciences Po, colección *La bibliothèque du citoyen*.
- Rifkin, Jeremy. 1996. *La fin du travail*. París: La Découverte.

DOCUMENTAL

- *Corporaciones. ¿Instituciones o psicópatas?* Dirigido por Jennifer Abbott y Mark Achbar. Canadá: 2003.

www.en50Minutos.es

ISBN ebook: 9782806280183

ISBN papel: 9782806293435

Depósito legal: D/2017/12603/44

Libro realizado por Primento*, el socio digital de los editores, el socio digital de los editores*